Impressum
Verlag: BABADADA GmbH, Nedderfeld 112 , 22529 Hamburg
Geschäftsführer / Verlagsleitung: Harald Hof
Druck: Books on Demand GmbH, In de Tarpen 42, 22848 Norderstedt

Imprint
Publisher: BABADADA GmbH, Nedderfeld 112 , 22529 Hamburg, Germany
Managing Director / Publishing direction: Harald Hof
Print: Books on Demand GmbH, In de Tarpen 42, 22848 Norderstedt

ikigo c' amashure

el colegio

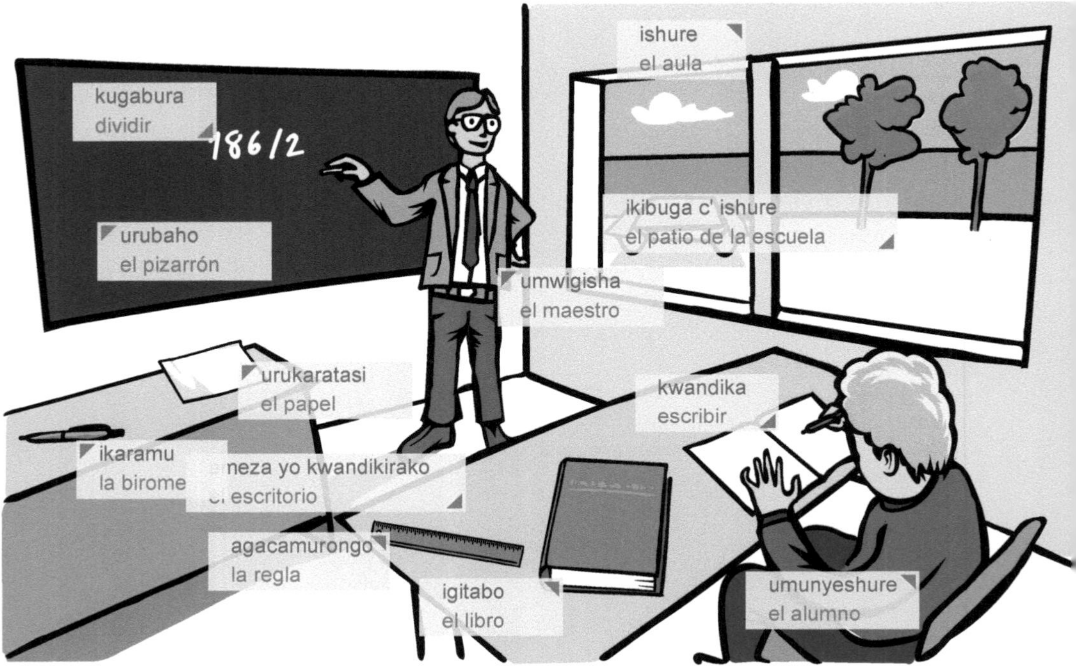
ishure
el aula
kugabura
dividir
186/2
ikibuga c' ishure
el patio de la escuela
urubaho
el pizarrón
umwigisha
el maestro
urukaratasi
el papel
kwandika
escribir
ikaramu
la birome
meza yo kwandikirako
escritorio
agacamurongo
la regla
igitabo
el libro
umunyeshure
el alumno

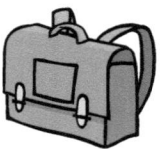

isakoshi y'' ishure

la mochila

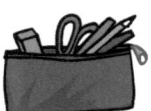

agasaho k' amakaramu

la caja de lápices

ikaramu y igiti

el lápiz

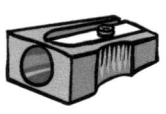

agasongozo k ikaramu y igiti

el sacapuntas

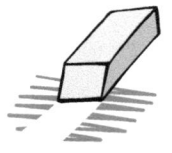

igome

la goma (de borrar)

ikaye yo gucapamwo

el bloc de dibujo

igicapo

el dibujo

ikaramu bacapisha irangi

el pincel

agasandugu kamabara

la caja de pinturas

imikasi

la tijera

kore

el pegamento

ikaye y' imyimenyerezo

el cuaderno de ejercicios

imyimenyerezo yo muhira

la tarea

igiharuro

el número

guteranya

sumar

gukuramwo

restar

kugwiza

multiplicar

guharura

calcular

urudome

la letra

indome

el abecedario

ijambo

la palabra

igisomwa

el texto

gusoma

leer

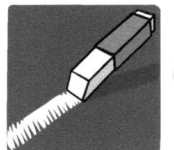

ingwa

la tiza

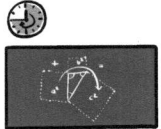

icigwa

la lección

igitabo c' ishure

el cuaderno de clase

ikibazo

el examen

impamyabushobozi

el certificado

impuzu y' ishure

el uniforme escolar

kwiga

la educación

kazinduzi

la enciclopedia

kaminuza

la universidad

mikorosikopi

el microscopio

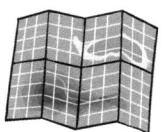

ikarata

el mapa

agaseke bajugunyamo
amakaratasi

el tacho (de basura)

urugendo
el viaje

ihoteli
el hotel
ihoteli ntoya
el hostel
ku bavunjayi
la casa de cambio
isandugu
la valija
umuduga
el auto

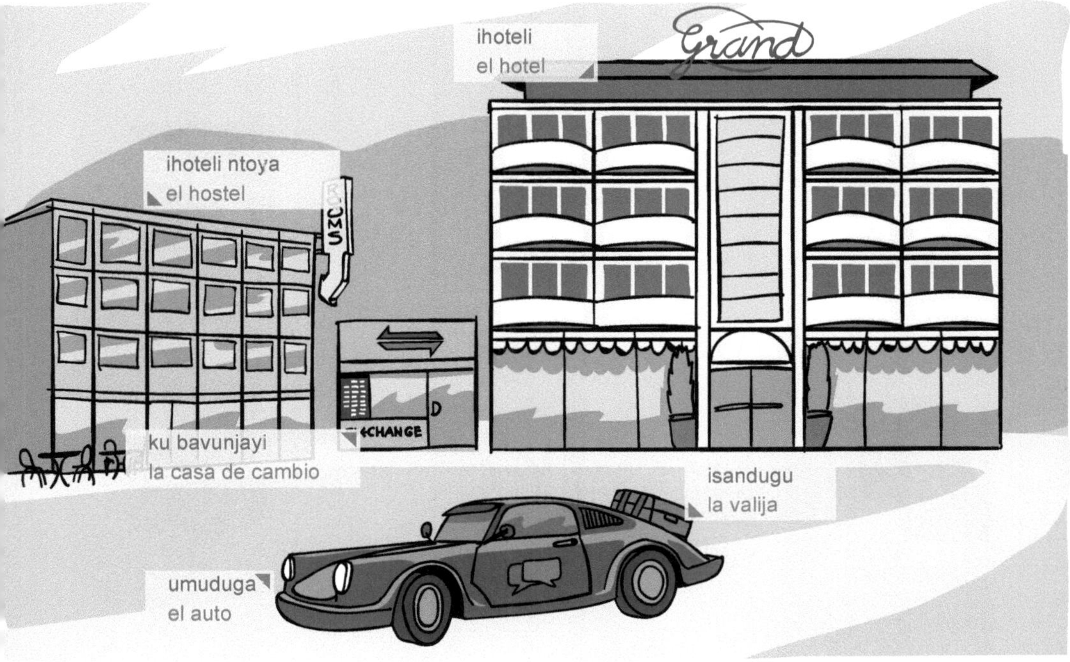

ururimi
....
el idioma

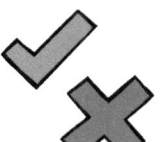

ego / oya
....
sí / no

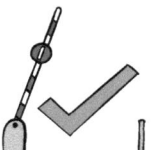

ego
....
Está bien

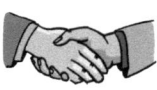

amahoro!
....
hola

umuntu asigura
....
el traductor

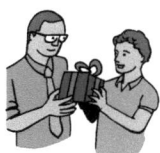

ndashimye
....
Gracias

ni angahe?

¿cuánto cuesta…?

sindabitahura

No entiendo

ingorane

el problema

mwiriwe!

¡Buenas tardes!

mwaramutse

¡Buenos días!

ijoro ryiza!

¡Buenas noches!

nakagaruka

el adiós

inzira

la dirección

imizigo

el equipaje

igapo

el bolso

isaho baheka mu mugongo

la mochila

umushitsi

el invitado

icumba

la habitación

umufuko wo kuraramo mu rugendo

la bolsa de dormir

ihema

la carpa

kumenyesha ingenzi

la información turística

ku musenyi

la playa

ikarata y' amahera

la tarjeta de crédito

ifunguro rya mugatondo

el desayuno

ifunguro ryo ku murango

el almuerzo

ifunguro ry 'ijoro

la cena

itike

el pasaje

ingazi y' umuyagankuba

el ascensor

umukono

el sello

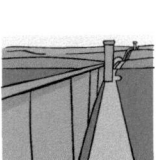

umupaka

la frontera

duwane

la aduana

ubuserukizi bw' igihugu

la embajada

viza

la visa

pasiporo

el pasaporte

gutwara abantu n' ibintu

el transporte

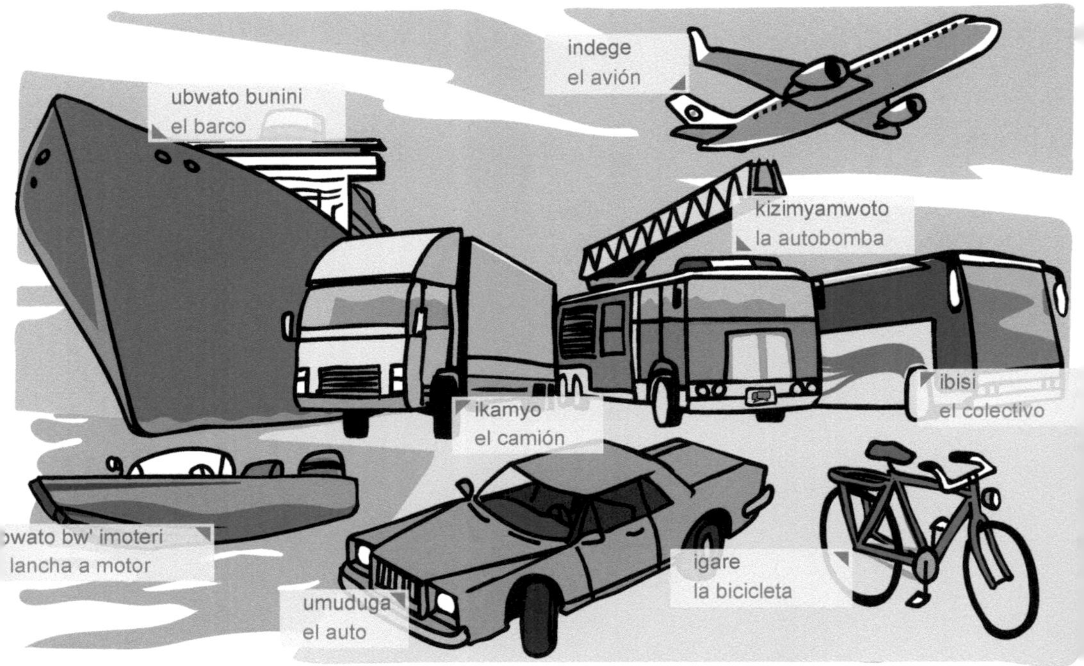
indege
el avión
ubwato bunini
el barco
kizimyamwoto
la autobomba
ibisi
el colectivo
ikamyo
el camión
ɔwato bw' imoteri
lancha a motor
igare
la bicicleta
umuduga
el auto

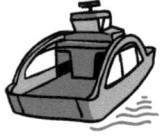

ubwato bunini

el ferry

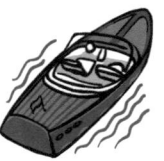

ubwato

el bote

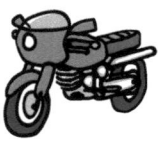

ipikipiki

la moto

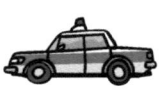

umuduga w' igipolisi

el patrullero

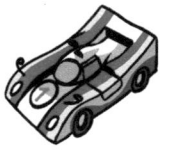

umuduga wa kuruse

el auto de carreras

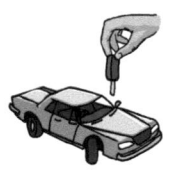

umuduga bakodesha

el auto de alquiler

gukoresha imodoka imwe muri benshi

el alquiler de autos

uruduga ruheka izindi

la grúa

umuduga utwara umucafu

el camión de la basura

imoteri

el motor

igitoro

la nafta

ubunywero bw'ibitoro

la estación de servicio

ibirango vyo ku mabarabara

la señal de tránsito

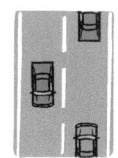

uruja n' uruza

el tránsito

akajagari k' imiduga mw' ibarabara

el embotellamiento

igituro c' imiduga

el estacionamiento

igituro ca gari ya moshi

la estación de tren

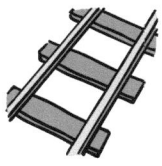

ibarabara rya gari ya moshi

las vías

gari ya moshi

el tren

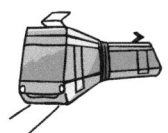

gari ya moshi bita tram

el tranvía

igipande ca gari ya moshi

el vagón

kajugujugu

el helicóptero

ikibuga c' indege

el aeropuerto

umunara

la torre

ingenzi

el pasajero

konteneri

el contenedor

ikarato

la caja de cartón

isharete

la carretilla

icibo

la canasta

kuguruka / kugwa

despegar / aterrizar

igisagara

la ciudad

umutumba

el pueblo

hagati mu gisagara

el centro de la ciudad

inzu

la casa

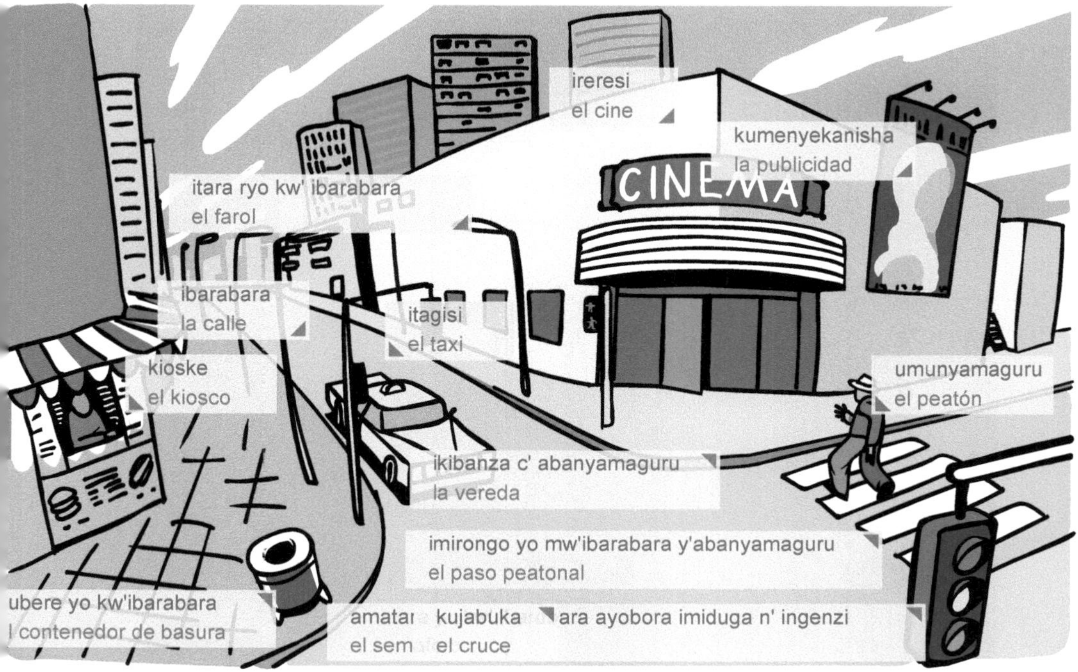

ireresi
el cine
kumenyekanisha
la publicidad
CINEMA
itara ryo kw' ibarabara
el farol
ibarabara
la calle
itagisi
el taxi
kioske
el kiosco
umunyamaguru
el peatón
ikibanza c' abanyamaguru
la vereda
imirongo yo mw'ibarabara y'abanyamaguru
el paso peatonal
ubere yo kw'ibarabara
l contenedor de basura
amatar
el sem
kujabuka
el cruce
ara ayobora imiduga n' ingenzi

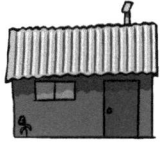

akazu k' ikirundi

la cabaña

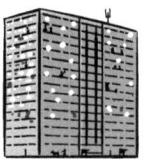

aparitema

el departamento

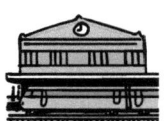

igituro ca gari ya moshi

la estación de tren

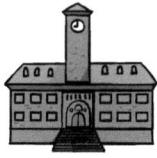

meri

la municipalidad

MUSEUM

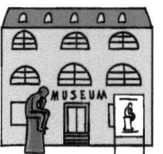

iratiro ry' ivyakera

el museo

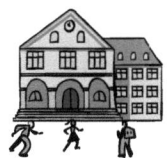

ikigo c' amashure

el colegio

kaminuza

la universidad

ibanki

el banco

ibitaro

el hospital

ihoteli

el hotel

farumasi

la farmacia

ibiro

la oficina

aho badandaza ibitabo

la librería

akaduka

el negocio

umudandaza w'amashugwe

la florería

supermarshe

el supermercado

isoko

el mercado

iduka

las grandes tiendas

umudandaza w' amafi

la pescadería

ihuriro ry'amaduka

el centro comercial

ikivuko

el puerto

ikibanza batemberamwo

el parque

intebe ndende

el banco

ikiraro

el puente

ingazi

las escaleras

gari ya moshi bita métro

el subte

ibarara ry' indani y' isi

el túnel

igituro c' amabisi

la parada del colectivo

ubunywero

el bar

resitora

el restaurante

ahaja amakete

el buzón

ikirango co kw' ibarabara

el letrero

isaha yo ku gituro c' imiduga

el parquímetro

iratiro ry' ibikoko

el zoológico

pisine

la pileta

umusigiti

la mezquita

ubwororero
la granja

konona ibidukikije
la contaminación

akaburi
el cementerio

kw'isengero
la iglesia

ikibuga
los juegos infantiles

inyubako za kera bita temple
el templo

imisozi
el paisaje

ikibabi
la hoja

ivyapa
el poste indicador

inzira
el camino

ubwatsi bita gazon
la pradera

ibuye
la piedra

igiti
el árbol

umuntu atembera kure n' amaguru
el excursionista

uruzi
el río

ubwatsi
la hierba

ishugwe
la flor

ikiyaya

el valle

umusozi

la montaña

ikiyaga

el lago

ishamba

el bosque

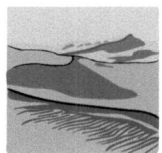

ubugaragwa

el desierto

ikirunga

el volcán

ishato

el castillo

umunywamazi

el arco iris

ikizinu

el champiñón

ikigazi

la palmera

umubu

el mosquito

isazi

la mosca

urutozi

la hormiga

uruyuki

la abeja

igitangurigwa

la araña

agakoko gato bita
coléoptère

el escarabajo

igikere

la rana

agakoko bita écureuil

la ardilla

ikinyogote

el erizo

urukwavu

la liebre

igihuna

la lechuza

inyoni

el pájaro

imbata

el cisne

ingurube y' ishamba

el jabalí

idubu

el ciervo

igikoko bita élan

el alce

urugomero

la presa

icuma gitanga
umuyagankuba

el aerogenerador

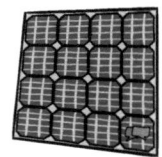

ikimuri c' imishwarara

el panel solar

igihe

el clima

resitora

el restaurante

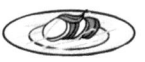

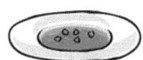

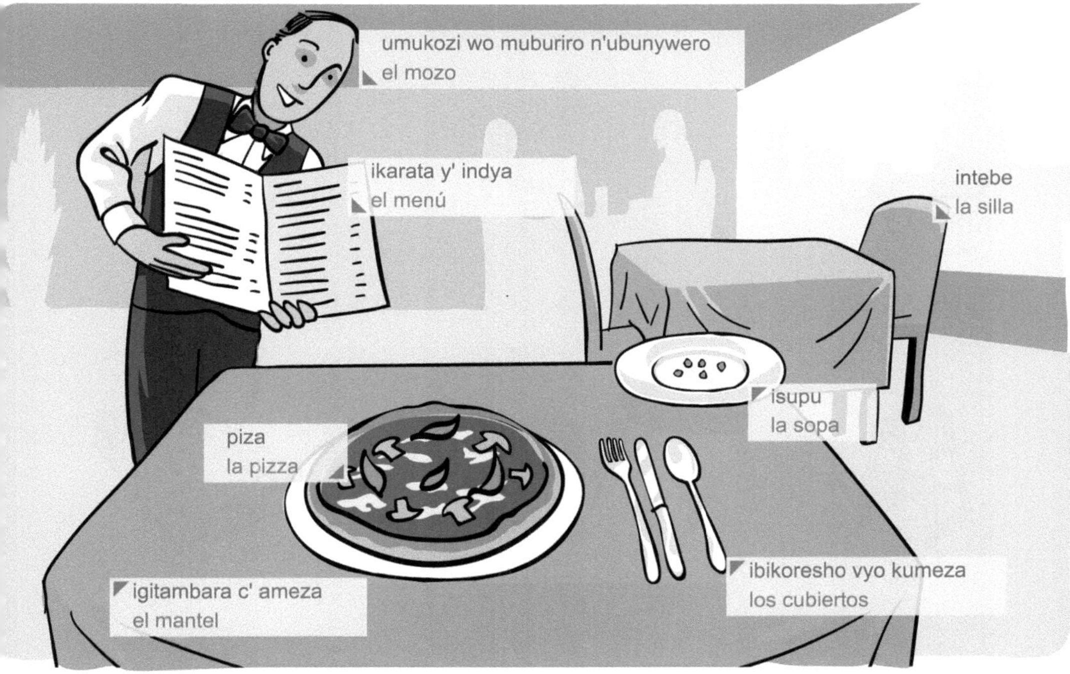

umukozi wo muburiro n'ubunywero
el mozo
ikarata y' indya
el menú
intebe
la silla
isupu
la sopa
piza
la pizza
ibikoresho vyo kumeza
los cubiertos
igitambara c' ameza
el mantel

indya y' ibanze
la entrada

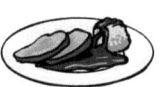

indya nkuru
el plato principal

deseri
el postre

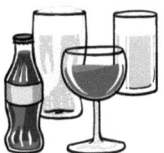

inyobwa
las bebidas

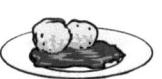

infungugwa
la comida

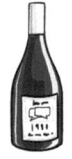

icupa
la botella

infungugwa batekanye
ingoga

la comida rápida

Infungugwa barya bagenda

la comida callejera

ibirika y' icayi

la tetera

agakopo k' isukari

la azucarera

igipande c' indya

la porción

imachini ikora espresso

la cafetera expreso

intebe ndende

la sillita alta

inyemazabuguzi

la cuenta

ako batwarako infungugwa

la bandeja

imbugita yo kumeza

el cuchillo

ikanya

el tenedor

ikiyiko

la cuchara

akayiko k' icayi

la cucharita

seriviyeti

la servilleta

ikirahuri

el vaso

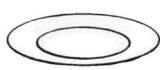

isahani

el plato

isahani y' isupu

el plato hondo

isutasi

el plato

isosi

la salsa

akanyanyagiza umunyu ku ndya

el salero

agasya ipiripiri

el molinillo de pimienta

vinaigre

el vinagre

amavuta

el aceite

indyoshandya

las especias

kecapu

el kétchup

mutaride

la mostaza

mayoneze

la mayonesa

supermarshe
el supermercado

ivyagabanyijwe igiciro
la oferta especial
FOR
umuguzi
el cliente
ibiva ku mata
los lácteos
icamwa
la fruta
agakinga ko mw' iduka
el changuito

BUTCHERS

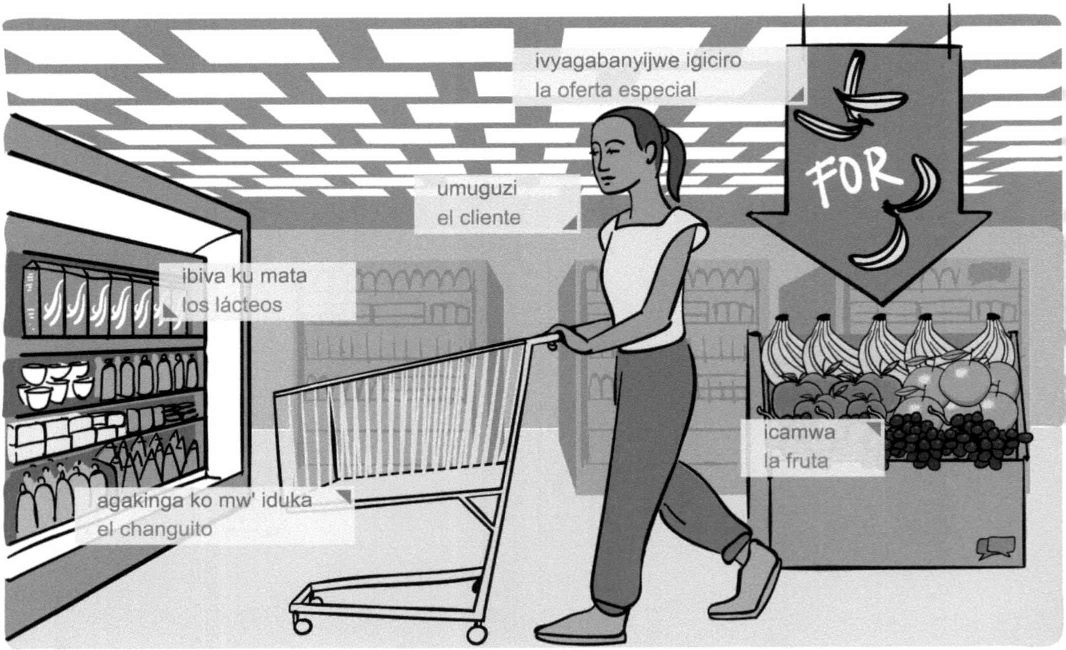

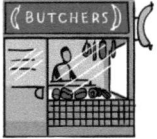

amacuniro

la carnicería

BAKERY

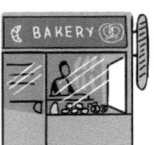

iburangeri

la panadería

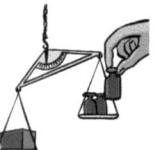

gupima

pesar

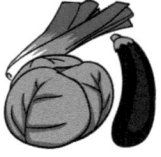

imboga

las verduras

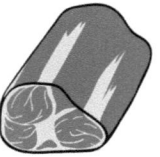

inyama

la carne

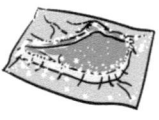

Imfungurwa zikanye cane

los alimentos congelados

infungugwa bita charcuterie
en tranches

los fiambres

amafunguro yo mu
mabwate

los alimentos enlatados

isabune yo kumesura

el detergente en polvo

ibisosa

las golosinas

ibikoresho vyo muhira

los electrodomésticos

ibikoresho vy'isuku

los productos de limpieza

umudandaza

la vendedora

kese

la caja

umuntu yakira amahera

el cajero

urutonde rw' ibidandazwa

la lista de compras

amasaha yo kugurura

el horario de atención

ingodomoni

la billetera

ikarata y' amahera

la tarjeta de crédito

isakoshe

la cartera

ishakoshe ya parastike

la bolsa de plástico

amazi

el agua

umutobe

el jugo

amata

la leche

koka

la bebida cola

umuvinyo

el vino

ikiyeri

la cerveza

inzoga

el alcohol

kakao

el cacao

icayi

el té

ikawa

el café

ikawa yitwa espresso

el café expreso

ikawa yitwa kapucino

el cappuccino

umuhwi

la banana

ipome

la manzana

umucungwe

la naranja

icamwa bita melon

el melón

indimu

el limón

ikaroti

la zanahoria

igitungurusumu

el ajo

umugano

el bambú

igitunguru

la cebolla

ikizinu

el champiñón

ibiyoba

las nueces

amakaroni

los fideos

spagetti

los tallarines

umuceri

el arroz

isarade

la ensalada

ifiriti

las papas fritas

ifiriti

las papas fritas

piza

la pizza

hamburugere

la hamburguesa

sandwich

el sándwich

infungugwa bita escalope

el churrasco

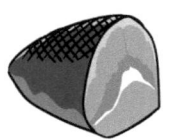

jambo

el jamón

salami

el salame

isosiso

la salchicha

inyama y' inkoko

el pollo

umusoso

el asado

ifi

el pescado

infungugwa bita flocons d'
avoine

los copos de avena

imfungugwa bita müsli

el muesli

infungugwa bita corn -
flakes

los copos de maíz

ifarini

la harina

umukate bita croissant

la medialuna

umukate muto

el pancito

umukate

el pan

umukate bashusha

la tostada

ibisuguti

las galletitas

amavuta

la manteca

iforomaji yera

la cuajada

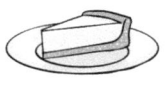

igato

la torta

irigi

el huevo

amafunguro bita oeuf au
plat

el huevo frito

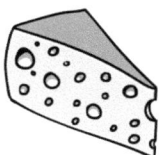

iformaji

el queso

infungugwa bita crème
glacée

el helado

isukari

el azúcar

ubuki

la miel

ikonfitire

la mermelada

imfungugwa bita praliné

la pasta de chocolate

infungugwa bita curry

el curry

ubwororero
la granja

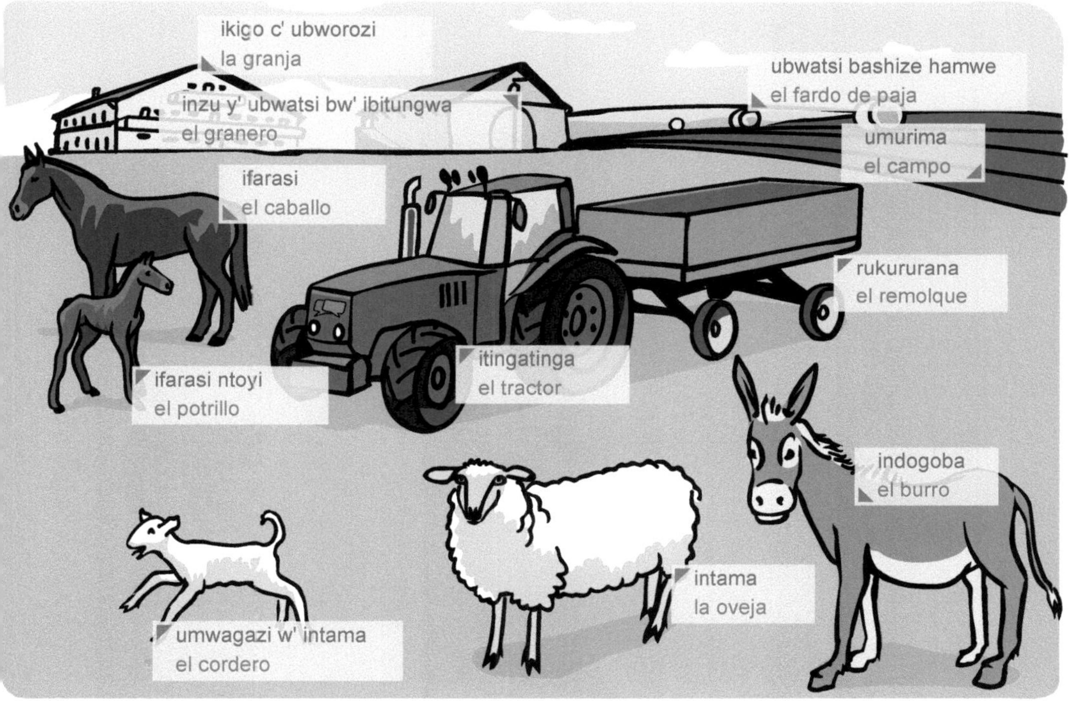
ikiço c' ubworozi
la granja
inzu y' ubwatsi bw' ibitungwa
el granero
ubwatsi bashize hamwe
el fardo de paja
umurima
el campo
ifarasi
el caballo
rukururana
el remolque
ifarasi ntoyi
el potrillo
itingatinga
el tractor
indogoba
el burro
intama
la oveja
umwagazi w' intama
el cordero

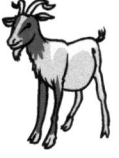

impene
la cabra

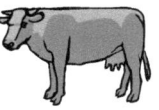

inka
la vaca

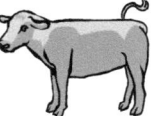

inyana
el ternero

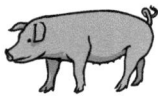

ingurube
el cerdo

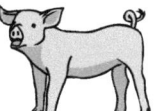

ikibuguru
el lechón

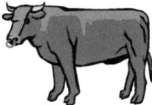

impfizi
el toro

inyoni yitwa oie

el ganso

imbata

el pato

umuswi

el pollo

inkokokazi

la gallina

isake

el gallo

imbeba nini

la rata

akayabu

el gato

imbeba

el ratón

ishuri

el buey

imbwa

el perro

umusaka w'imbwa

la cucha

umuringoti wo kuvomerera
umurima

la manguera

ico bakoresha basukira
amashurwe

la regadera

urukero

la guadaña

majagu

el arado

umuhoro

la hoz

isuka

la azada

ikinyanyagiza ibitabizo irya n'ino

la horquilla

ishoka

el hacha

inkorofani

la carretilla

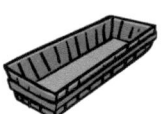

ubwato

el abrevadero

icansi

la lechera

umufuko

la bolsa

urugo

la reja

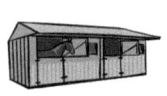

indaro y' ibitungwa

el establo

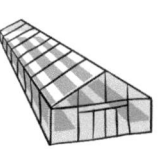

utuzu bashusha kugirango ibimera birimwo bikure

el invernadero

isi

el suelo

imbuto

la semilla

ifumbire

el fertilizador

imashini yimbura

la cosechadora

kwimbura

cosechar

umwimbu

la cosecha

infungugwa bita igname

las batatas

ingano

el trigo

isoya

la soja

ikiraya

la papa

ikigori

el maíz

ubwoko bw' ingano bita
colza

la semilla de colza

igiti c' ivyamwa

el árbol frutal

imyumbati

la mandioca

ibinyantete

los cereales

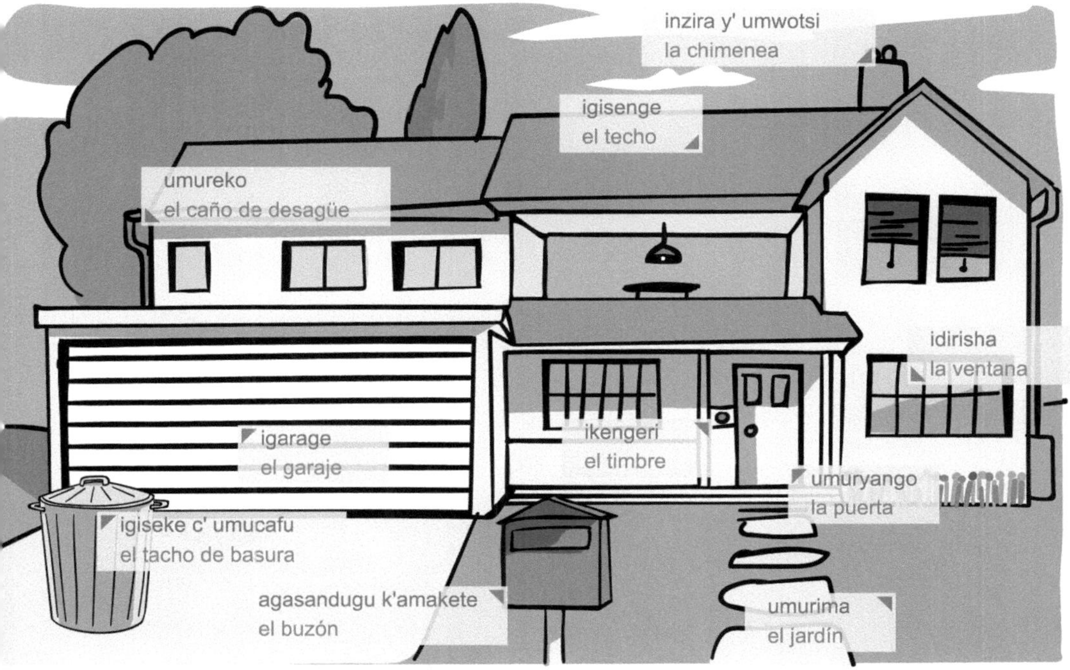

inzira y' umwotsi
la chimenea

igisenge
el techo

umureko
el caño de desagüe

idirisha
la ventana

igarage
el garaje

ikengeri
el timbre

umuryango
la puerta

igiseke c' umucafu
el tacho de basura

agasandugu k'amakete
el buzón

umurima
el jardín

isaro

el living

ubwogero

el baño

igikoni

la cocina

icumba co kuraramo

el dormitorio

icumba c' umwana

el cuarto de los chicos

uburiro

el comedor

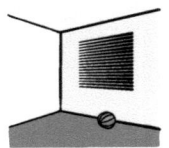

hasi

el piso

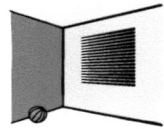

uruhome

la pared

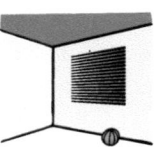

igisenge c' inzu

el cielorraso

kave

el sótano

sauna

el sauna

ibaraza

el balcón

ibaraza

la terraza

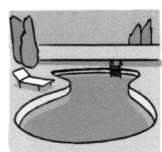

aho bogera

la pileta

itondezi

la cortadora de pasto

igikaratasi

la sábana

uburengeti

el acolchado

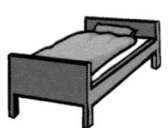

uburiri

la cama

umweyerezo

la escoba

indobo

el balde

akabuto

el interruptor

isaro
el living

igisharizo
el empapelado
isanamu
la imagen
itara
la lámpara
akabati
el estante
akabati
el armario
imboneshakure
la televisión
igicaniro
la chimenea
ishugwe
la flor
umusagamiro
el almohadón
ifoteyi
el sofá
ivaze
el florero
terekomande
el control remoto

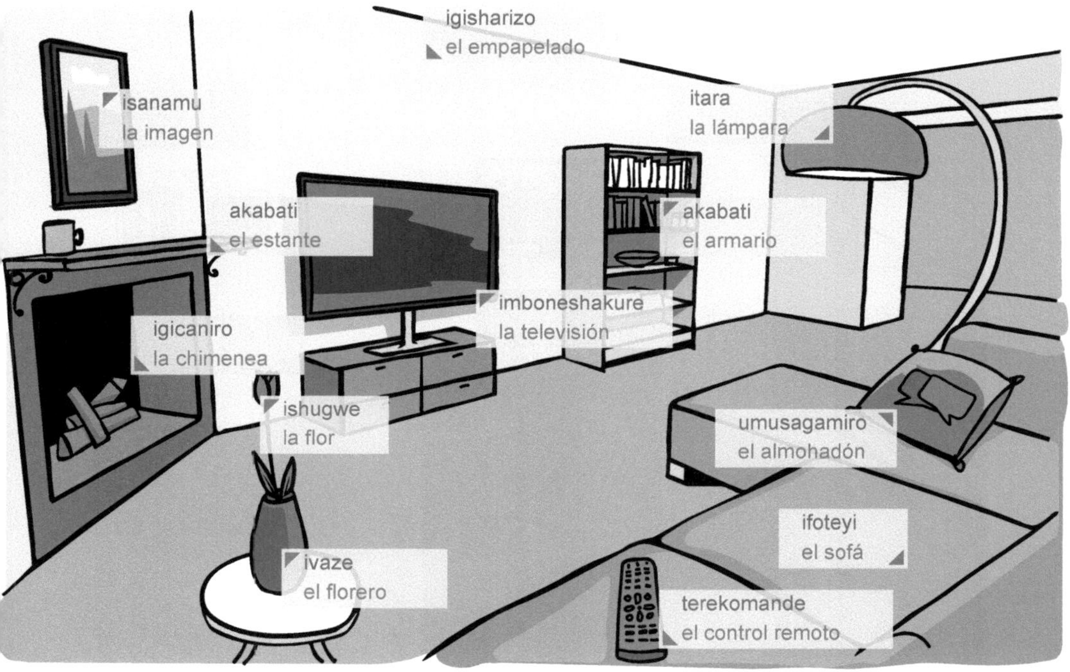

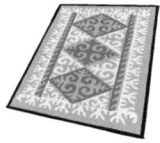

itapi

la alfombra

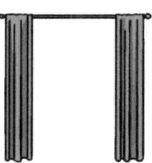

irido

la cortina

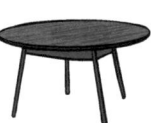

ameza

la mesa

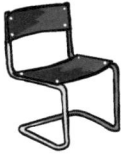

intebe

la silla

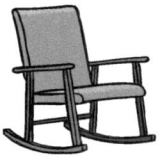

intebe icundera

la mecedora

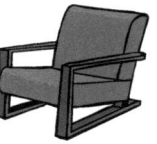

ifoteyi

el sillón

igitabo

el libro

ikirengeti

la frazada

ibitako

la decoración

inkwi

la leña

ireresi

la película

ivyuma vy' umuziki

el equipo de música

urufunguruzo

la llave

ikinyamakuru

el diario

gusiga amarangi

la pintura

isanamu nini

el póster

insamirizi

la radio

ikaye ndangaminsi

el cuaderno

asipirateri

la aspiradora

icimera bita cactus

el cactus

ibuji

la vela

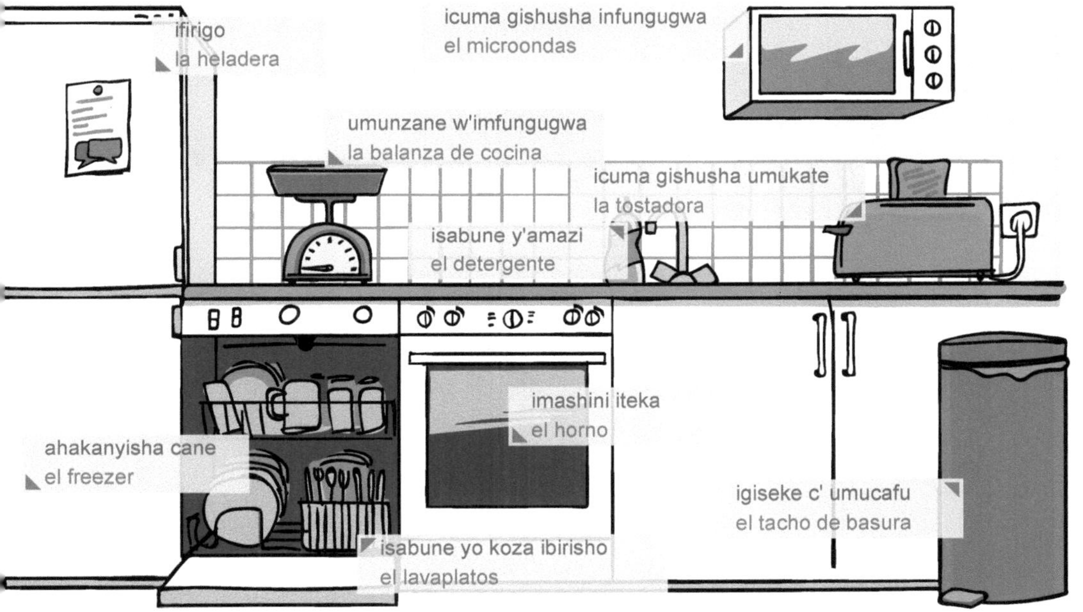

icuma gishusha infungugwa
el microondas

ifirigo
la heladera

umunzane w'imfungugwa
la balanza de cocina

icuma gishusha umukate
la tostadora

isabune y'amazi
el detergente

imashini iteka
el horno

ahakanyisha cane
el freezer

igiseke c' umucafu
el tacho de basura

isabune yo koza ibirisho
el lavaplatos

ishiga
la cocina

isafuriya
la olla

isafuriya y' icuma
la olla de hierro fundido

ipanu bita wok
el wok

ipanu
la sartén

akuma gashusha amazi
la pava

isafuriya itekesha umuhisha

la vaporera

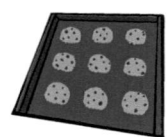

ico bakorerako imikate

la bandeja de horno

ibirisho

la vajilla

igikombe

la taza

ibakure

el bol

uduti two kurisha

los palitos

icaruzo c' isupu

el cucharón

ikimamiro

la espátula

agakubitisho

la batidora

imashini isya ibifungurwa

el colador

akayunguruzo

el colador

agakatakata imfungugwa

el rallador

agasekuro

el mortero

icokerezo

la parrilla

urucaniro

la fogata

urubaho rwo gukatirako

la tabla de picar

akabaho bakoresha spageti

el palo de amasar

urupfunguzo rw'umuvinyu

el sacacorchos

agasandugu

la lata

urupfunguzo
rw'agasandugu
el abrelatas

ivyo gufatisha isafuriya
ishushe

la manopla

icogerezo

la pileta

uburoso

el cepillo

ivyogesho

la esponja

imigiseri

la batidora

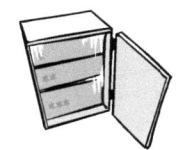

frigo nini ikanyisha cane

el congelador

bibero

la mamadera

ivomo

la canilla

ubwogero

el baño

imashini ishusha mu nzu
la calefacción
isume
la toalla
kwoga
la ducha
rido yo muri dushe
la cortina de la ducha
koga mu mazi arimwo ifuro ryinshi
el baño de espuma
benywari
la bañadera
ikirahuri
el vaso
imashini imesura
el lavarropas
ivomo
la canilla
amategura
las baldosas
agasafuriya
la pelela
icogerezo
la pileta

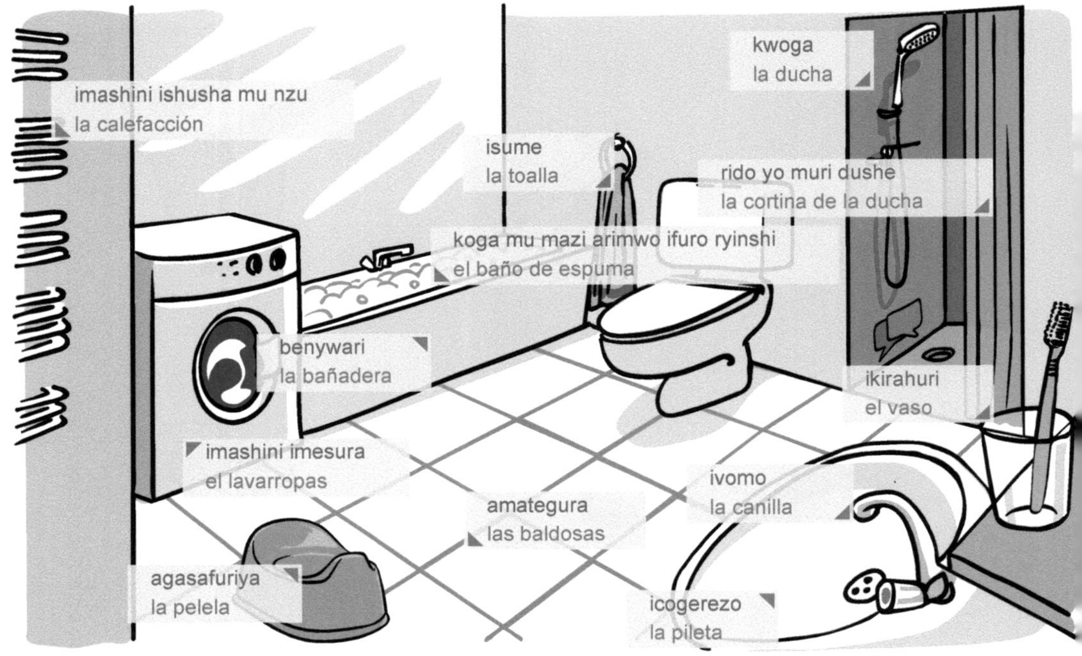

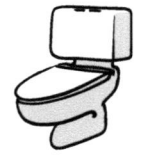

Akazu ka surwumwe

el inodoro

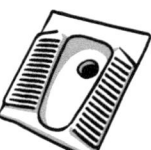

akazu ka surwumwe k'ikirundi

la letrina

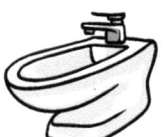

akantu gatoya bogeraho

el bidé

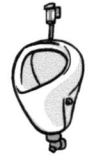

aho basoba

el mingitorio

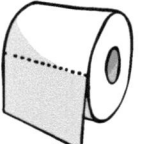

ibikaratase vyo kwi sukuza mu nzu ya surwumwe

el papel higiénico

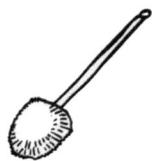

uburoso bwoza akazu ka surwumwe

el cepillo para el inodoro

umujigiti

el cepillo de dientes

umuti wo koza amenyo

el dentífrico

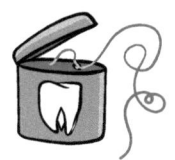

utugozi two gusukura amenyo

el hilo dental

koza

lavar

ikinyuko

la ducha de mano

ubwoko bwa dushe

la ducha higiénica

ico bakarabiramo intoki

la palangana

uburoso busukura mu mugongo

el cepillo para la espalda

isabune

el jabón

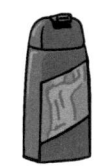

isabuni yo kwoga

el gel de ducha

shampo

el shampoo

agatambara ko kwisukura

la toallita

umuringoti

el desagüe

amavuta yo kwisiga

la crema

iparufe yo mu kwaha

el desodorante

icirore

el espejo

icirore

el espejito

imashini imwa ubwanwa

la maquinita de afeitar

ifuro ryo kumwa ubwanwa

la espuma de afeitar

umuti basiga aho bamoye

el aftershave

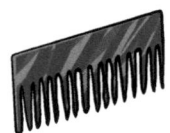

igisokozo

el peine

uburoso

el cepillo

akuma kumutsa umushatsi

el secador de pelo

amavuta bapuriza mu
mushatsi

el spray

ibikoresho vyo kwipodora

el maquillaje

amavuta afise ibara yo
k'umunywa

el lápiz de labios

verni y'inzara

el esmalte para uñas

ipampa

el algodón

umukasi uca inzara

la tijera para uñas

iparufe

el perfume

agasaho k' ivyo kwisukura
ku rugendo

el portacosméticos

agatebe

la banqueta

umunzane

la balanza

penywari

la bata

udufuko tw' intoke iyo
bakora isuku

los guantes de goma

kotegisi

el tampón

kotegisi

la toallita femenina

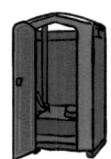

ubwoko bw'akazu ka
surwumwe

el baño químico

icumba c' umwana

el cuarto de los chicos

isaha ivyura
el despertador
agakoko k' agapupe
el peluche
ikijuwe c' umuduga
el coche de juguete
ikijuwe c' ibibondo bita hochet
el sonajero
inzu badandaza amapupe
la casa de muñecas
akaganuke
el regalo

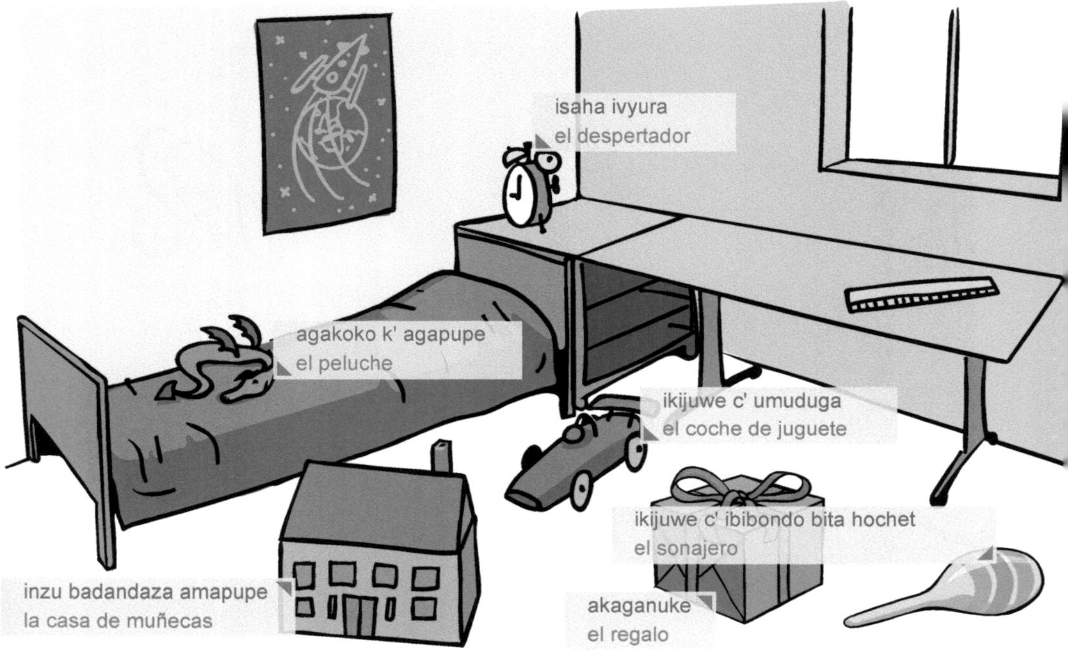

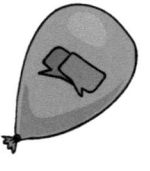

igipurizo
....
el globo

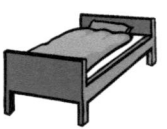

uburiri
....
la cama

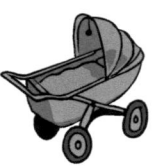

....
el cochecito

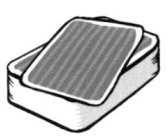

urukino rw' ikarata
....
las cartas

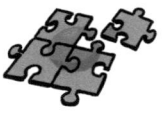

urukino bita puzile
....
el rompecabezas

SUPER MEGA

ibitabo vy' amashusho
....
la historieta

urukino bita lego

las piezas de lego

ibijuwe vyo kubaka

los ladrillos de juguete

ipupe

la figura de acción

impuzu yo kurarana y abana

el enterito (de bebé)

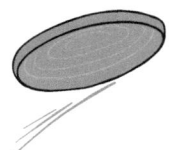

urukino bita frisbi

el frisbee

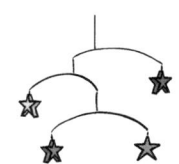

udukinisho two ku buriri bw' ibibondo

el móvil para bebés

urukino rwo kumeza

el juego de mesa

agakinisho bita de

los dados

gari ya moshi z' ibikinisho

el tren eléctrico

madanganya

el chupete

umunsi mukuru

la fiesta

igitabo c' ibicapo

el libro de cuentos ilustrado

umupira

la pelota

igipupe

la muñeca

gukina

jugar

umusenyi abana
bakiniramwo

el arenero

uruvuma

la hamaca

ikijuwe

los juguetes

urukino nyabwonko

la consola de videojuegos

ikinga ry'amapine atatu

el triciclo

igikoko bita ours c 'ikijuwe

el osito de peluche

akabati k' impuzu

el armario

impuzu

la ropa

amashesheti

las medias

amashesheti maremare

las medias panty

ubwoko bw'impuzu zifata
kandi zigaruka cane

las calzas

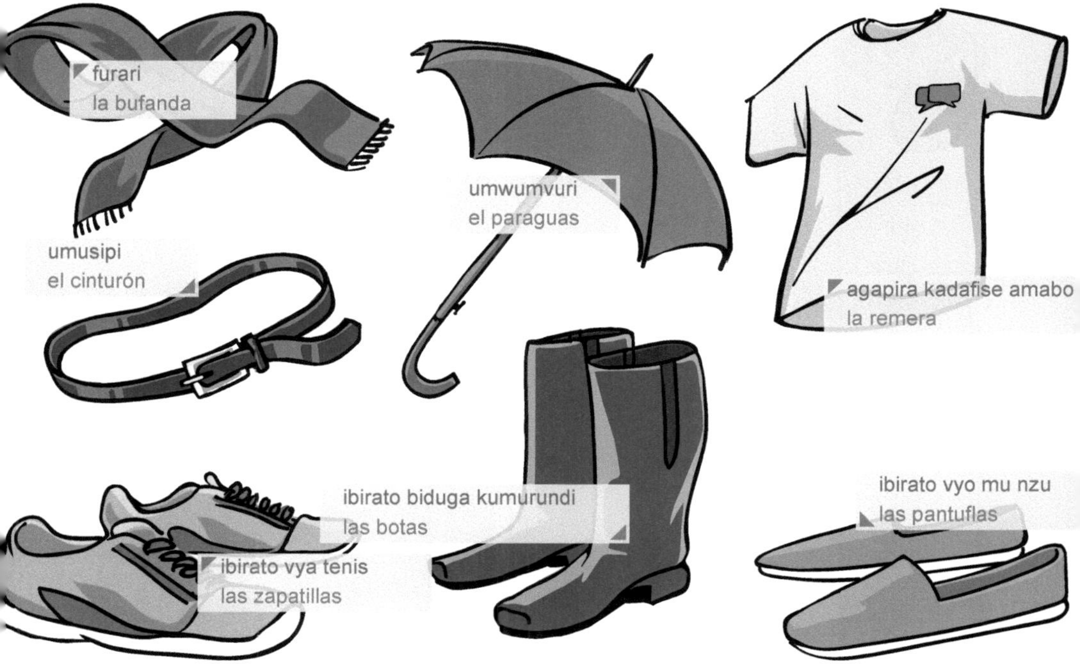

furari
la bufanda

umwumvuri
el paraguas

umusipi
el cinturón

agapira kadafise amabo
la remera

ibirato biduga kumurundi
las botas

ibirato vyo mu nzu
las pantuflas

ibirato vya tenis
las zapatillas

isandari

las sandalias

ibirato

los zapatos

ingamiya

las botas de goma

imwesho

la ropa interior

isutiye

el corpiño

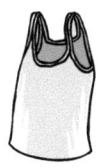

isengeri

el chaleco

impuzu z' imbere

el body

ipantaro

los pantalones

ijinisi

los jeans

ijipo

la pollera

agashati koroshe kabagore

la blusa

ishati

la camisa

umupira w' imbeho

el pulóver

umupira w'imbeho ufise
inkofero

el buzo

blazeri

el blazer

ikoti

la campera

ikoti rirerire

el tapado

ikoti y'imvura

el piloto

kositime

el traje

ikanzu

el vestido

ikazu y'umugeni

el vestido de novia

kositime

el traje

ikanzu yo kurarana

el camisón

impuzu z' ijoro

el pijama

imvutano z'abahindi

el sari

igitambara co mu mutwe

el pañuelo para la cabeza

igitambara co mu mutwe
bita turban

el turbante

impuzu z' abasiramukazi

la burka

ikanzu bita kaftan

el caftán

impuzu y' abasiramu

la abaya

impuzu yo kogana

el traje de baño

impuzu yo kwogana
y'abagabo

el short de baño

imwesho

los shorts

itereningi

el jogging

itaburiya

el delantal

udufuko tw' intoke

los guantes

igifungo

el botón

amarori

los anteojos

igikomo

la pulsera

akadede

el collar

impeta

el anillo

ihereni

el aro

inkofero

la gorra

porutemanto

la percha

inkofero

el sombrero

karavate

la corbata

imashini

el cierre

inkofero yo kwikingira

el casco

imisipi

los tiradores

impuzu y' ishure

el uniforme escolar

umwambaro rusangi
w'ahantu

el uniforme

utwo bambika ibibondo iyo birya
....
el babero

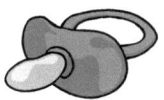

madanganya
....
el chupete

iranje
....
el pañal

ibiro

la oficina

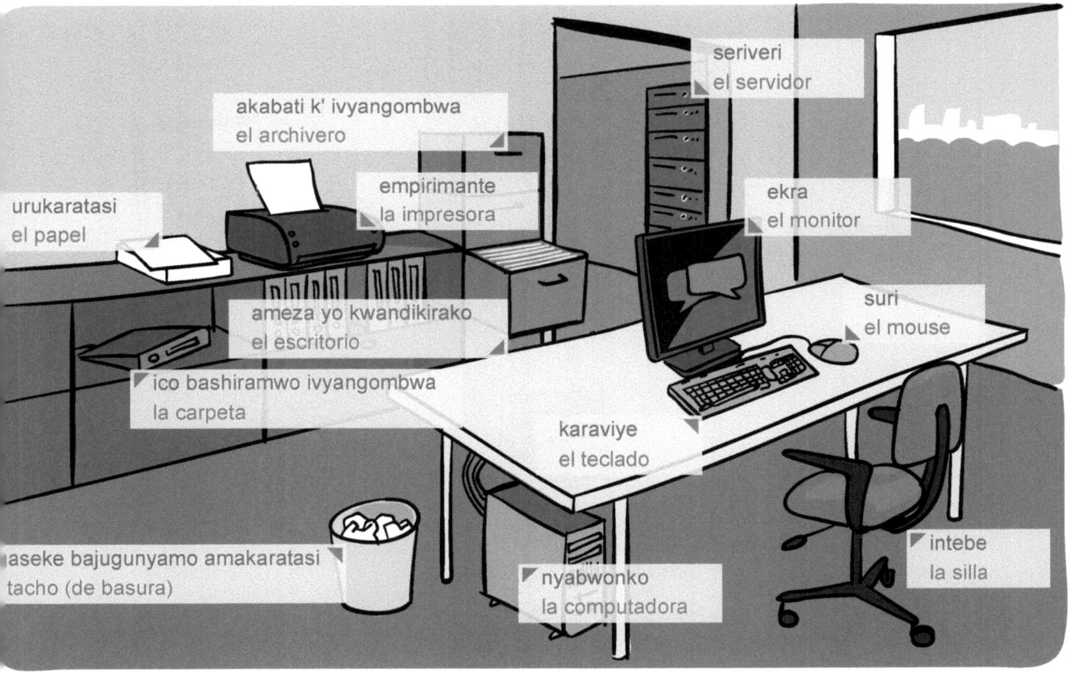

seriveri
el servidor

akabati k' ivyangombwa
el archivero

empirimante
la impresora

ekra
el monitor

urukaratasi
el papel

suri
el mouse

ameza yo kwandikirako
el escritorio

ico bashiramwo ivyangombwa
la carpeta

karaviye
el teclado

aseke bajugunyamo amakaratasi
tacho (de basura)

nyabwonko
la computadora

intebe
la silla

igikombe c' ikawa
....
la taza de café

imashini iharura
....
la calculadora

ubuhinga ngurukanabumenyi
el internet

inyabwonko ngendanwa

la laptop

ikete

la carta

ubutumwa

el mensaje

telefoni ngendanwa

el celular

rezo

la red

fotokopiyeze

la fotocopiadora

rojisiyeri

el software

telefoni

el teléfono

purize

el tomacorriente

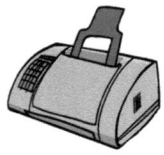

fagisi

el fax

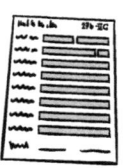

urukaratasi rwo kuzuza

el formulario

icangombwa

el documento

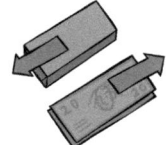

kugura

comprar

kuriha

pagar

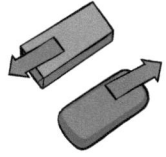

kudandaza

hacer negocios

amahera

el dinero

idorari

el dólar

iyero

el euro

iyene

el yen

amahera y' abarusiya

el rublo

amahera y' abasuwisi

el franco suizo

amahera bita renmimbi
yuan

el yuan

amahera bita rupi

la rupia

icuma gitanga amahera

el cajero automático

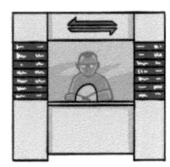

ku bavunjayi

la casa de cambio

inzahabu

el oro

umujumbu

la plata

ipeteroli

el petróleo

inguvu

la energía

ikiguzi

el precio

amasezerano

el contrato

amakori

el impuesto

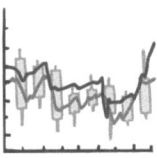

igice

la acción

gukora

trabajar

umukozi

el empleado

umukoresha

el empleador

ihinguriro

la fábrica

akaduka

el negocio

imirimo

las ocupaciones

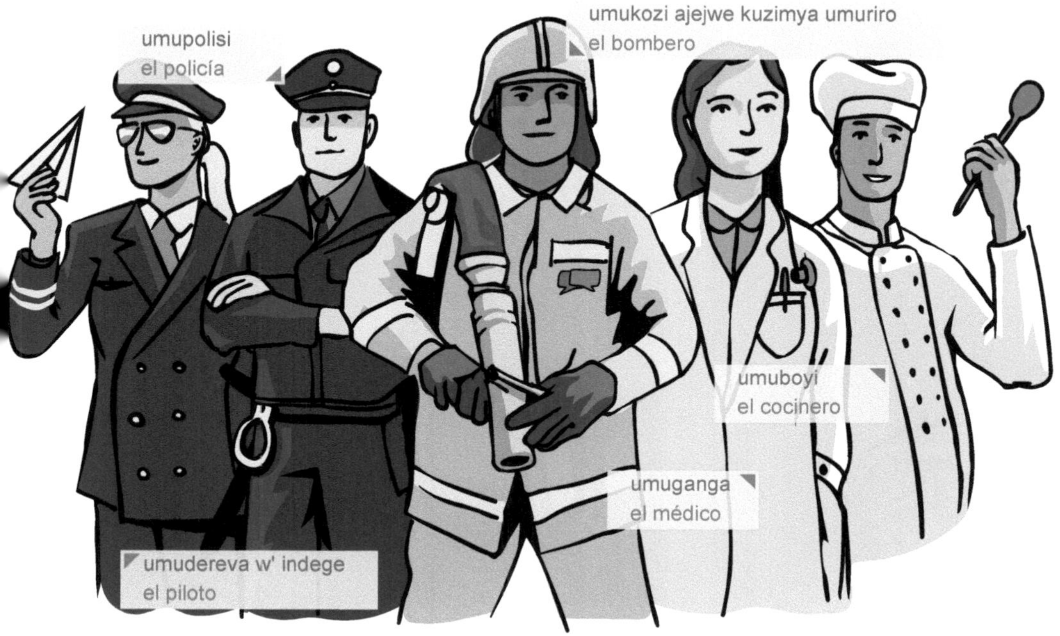
umupolisi
el policía
umukozi ajejwe kuzimya umuriro
el bombero
umuboyi
el cocinero
umuganga
el médico
umudereva w' indege
el piloto

umukozi akora murikarima

el jardinero

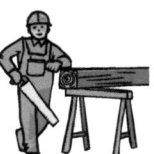

umubaji

el carpintero

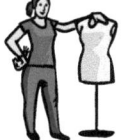

umushonyi

la modista

umucamanza

el juez

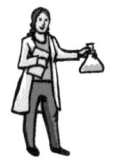

umuhinga mu vya chimie

el farmacéutico

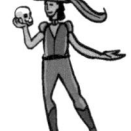

umukinyi w'amareresi

el actor

umudereva w' ibisi

el colectivero

umudereva w' itagisi

el taxista

umurovyi

el pescador

umuzezwanzukazi

la mucama

sharupantiye

el techista

umukozi wo muburiro
n'ubunywero

el mozo

umuhigi

el cazador

umufundi w' amarangi

el pintor

umuntu akora imikate

el panadero

umufundi w' amatara

el electricista

umwubatsi

el albañil

enjeniyeri

el ingeniero

umuyangayanga

el carnicero

umufundi w' amazi

el plomero

umuparanto

el cartero

umusoda

el soldado

umuntu acapa inyubako

el arquitecto

umuntu yakira amahera

el cajero

umukozi ajejwe amashugwe

el florista

kimyozi

el peluquero

kontororeri

el cobrador

umufundi w' imiduga

el mecánico

umudereva w' ubwato

el capitán

umuganga w' amenyo

el dentista

umuhinga mu vya siyansi

el científico

umuhinga mu bayahudi bita
rabi

el rabino

imame

el imán

umuvugiramana

el monje

umuvugiramana

el sacerdote

ibikoresho vy' ubwubatsi

las herramientas

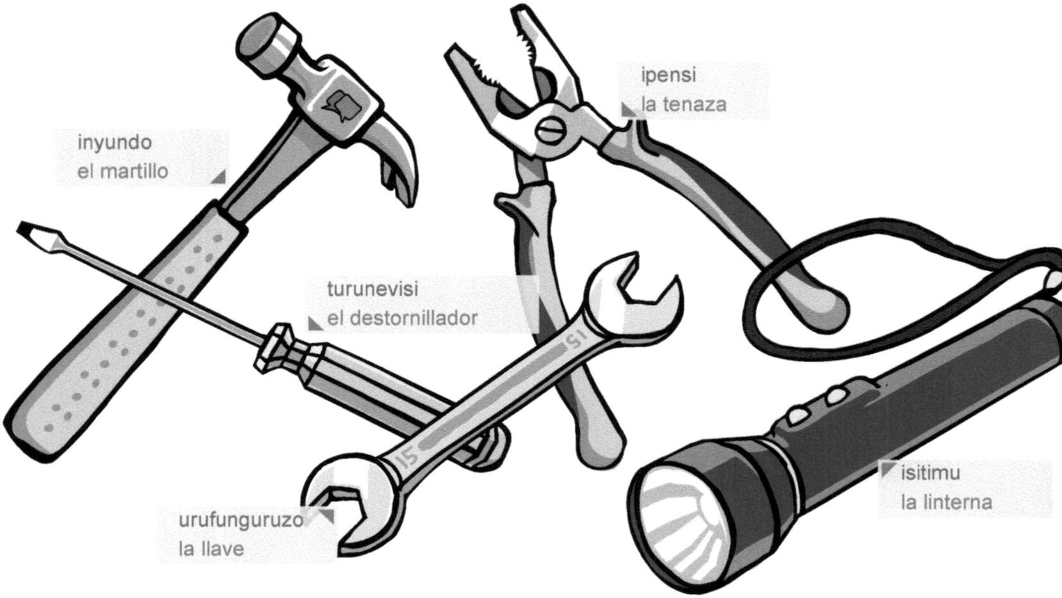

ipensi
la tenaza
inyundo
el martillo
turunevisi
el destornillador
isitimu
la linterna
urufunguruzo
la llave

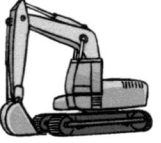

tingatinga

la excavadora

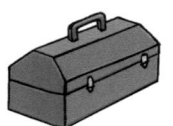

isaho y' ibikoresho

la caja de herramientas

ingazi

la escalera portátil

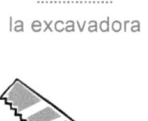

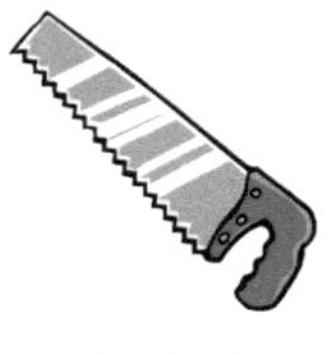

umusumeno

la sierra

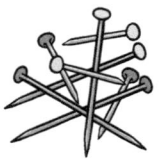

imisumari

los clavos

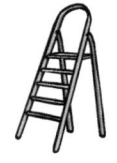

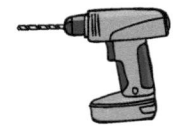

icuma bita foreuse

el taladro

gukora

arreglar

igipawa

la pala de jardín

asyi!

¡Qué bronca!

agaterura umucafu

la pala de plástico

indobo y' irangi

el tacho de pintura

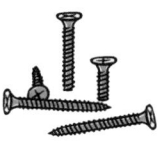

ivis

los tornillos

ivyuma vyo gucuraranga
los instrumentos musicales

icuma bita Haut parleur
el parlante

icuma ca musika bita batterie
la batería

igitari
la guitarra

icuma ca musika bita contrebasse
el contrabajo

icuma ca musika bita trompette
la trompeta

icuma ca musika bita piano

el piano

icuma ca musika bita violon

el violín

gitare icuranga Bass

el bajo

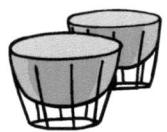

icuma ca musika bita
timbale

los timbales

ingoma

el tambor

icuma ca musika bita piano
electrique

el teclado

icuma ca musika bita
saxophone

el saxofón

umwirongi

la flauta

mikoro

el micrófono

iratiro ry' ibikoko
el zoológico

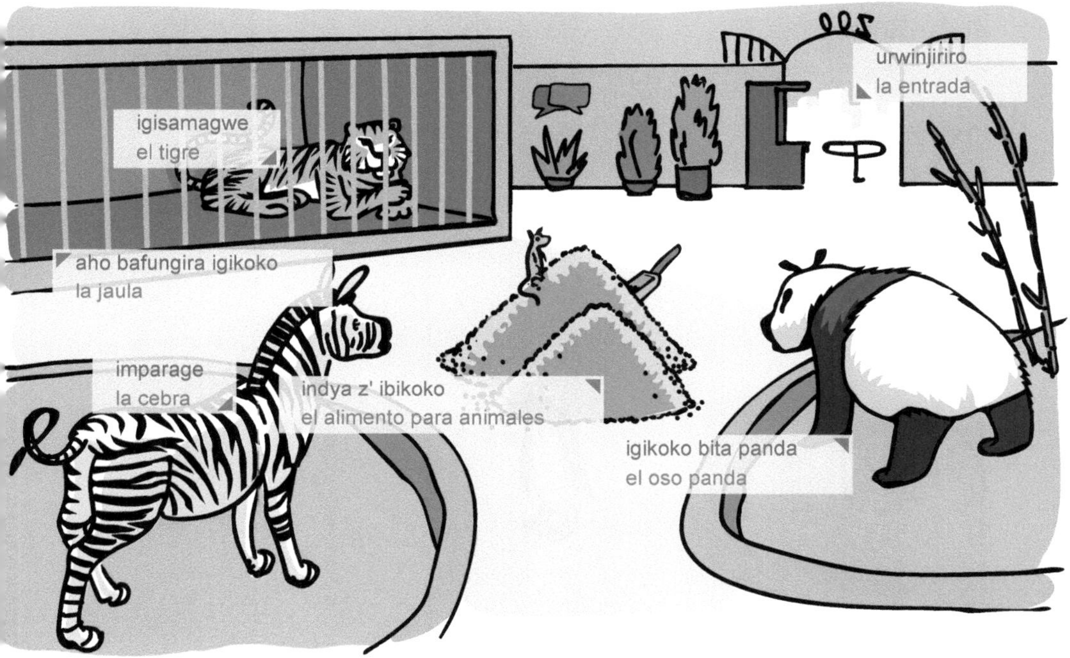

urwinjiriro
la entrada
igisamagwe
el tigre
aho bafungira igikoko
la jaula
imparage
la cebra
indya z' ibikoko
el alimento para animales
igikoko bita panda
el oso panda

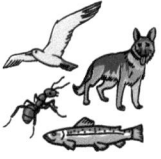

ibikoko
los animales

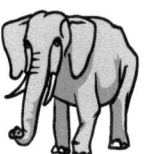

inzovu
el elefante

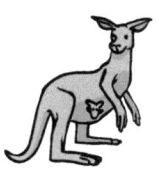

Kanguru
el canguro

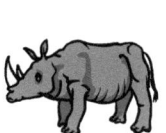

igikoko bita Rhynoceros
el rinoceronte

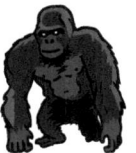

inguge
el gorila

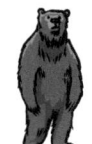

igikoko bita ours
el oso

ingamiya

el camello

inyoni bita autriche

el avestruz

intare

el león

inkende

el mono

inyoni bita flamant rose

el flamenco

gasuku

el loro

igikoko bita ours blanc

el oso polar

inyoni bita pinguin

el pingüino

ifi bita requin

el tiburón

inyoni bita paon

el pavo real

inzoka

la serpiente

ingona

el cocodrilo

umurinzi w' iratiro ry' ibikoko

el cuidador del zoológico

igikoko bita phoque

la foca

igikoko bita jaguar

el jaguar

ubwoko bw' ifarasi bita pony

el poni

ingwe

el leopardo

imvubu

el hipopótamo

umusumbarembo

la jirafa

agaca

el águila

ingurube y' ishamba

el jabalí

ifi

el pescado

akanyamasyo

la tortuga

igikoko bita morse

la morsa

imbwebwe

el zorro

ingeregere

la gacela

urukino rwa football yo muri amerika
el fútbol americano

ugusiganwa ku makinga
el ciclismo

urukino rwa tennis
el tenis

urukino rwa basketball
el básquet

koga
la natación

urukino rw' ingumu
el boxeo

urukino rwa ice-hockey
el hockey sobre hielo

umupira w'amaguru
el fútbol

urukino rwa badminton
el bádminton

ubunonotsi
el atletismo

urukino rwa handball
el handball

urukino rwa ski
el esquí

urukino rwa Polo
el polo

gutwenga
reír

gusimba
saltar

kugumbirana
abrazar

kuririmba
cantar

kugenda
caminar

kurota
soñar

gusenga
rezar

gusoma
besar

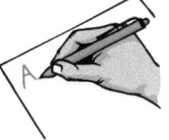

kwandika

escribir

gucapa

dibujar

kwereka

mostrar

gusuguma

presionar

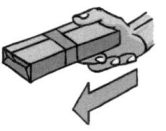

gutanga

dar

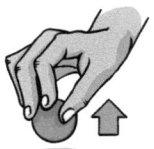

gutora

tomar

kugira

tener

kugira

hacer

kuba

ser

guhagarara

estar parado

kwiruka

correr

gukwega

tirar

guta

tirar

gutemba

caer

kurambarara hasi

estar acostado

kurindira

esperar

gutwara

llevar

kwicara

estar sentado

kwambara

vestirse

kuryama

dormir

kuvyuka

despertar

kuraba
mirar

kurira
llorar

kwagaza
acariciar

gusokoza
peinar

kuvuga
hablar

gutahura
entender

kubaza
preguntar

kumviriza
escuchar

kunywa
beber

gufungura
comer

gutondeka
ordenar

gukunda
amar

guteka
cocinar

gutwara
manejar

kuguruka
volar

kugira siporo bita voile

navegar

guharura

calcular

gusoma

leer

kwiga

aprender

gukora

trabajar

kurongora

casarse

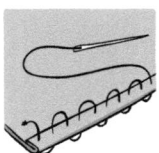

gushona

coser

kwijigitura

cepillarse los dientes

kwica

matar

kunywa itabi

fumar

kurungika

enviar

umuryango
la familia

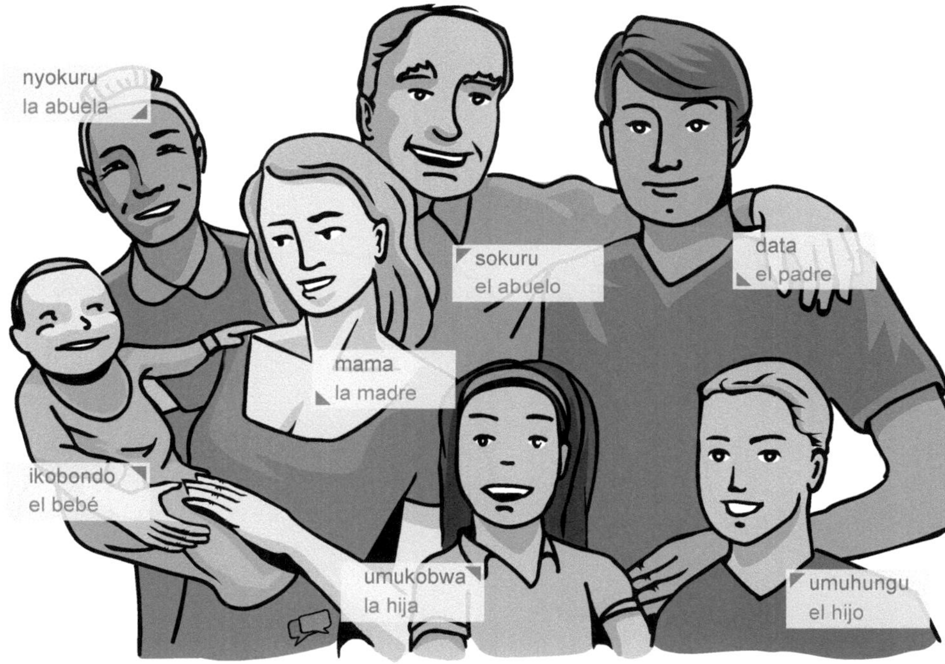
nyokuru
la abuela
sokuru
el abuelo
data
el padre
mama
la madre
ikobondo
el bebé
umukobwa
la hija
umuhungu
el hijo

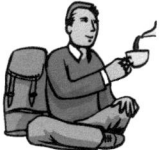

umushitsi

el invitado

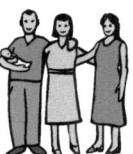

masenge

la tía

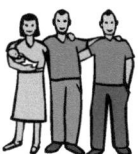

marume

el tío

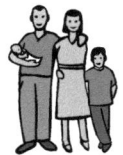

musaza w' umuntu

el hermano

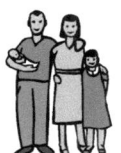

mushiki w' umuntu

la hermana

umubiri
el cuerpo

agahanga
la frente
ijisho
el ojo
urutugu
el hombro
urutoki
el dedo
isura
la cara
agasakanwa
la pera
ikiganza
la mano
ukuguru
la pierna
agatuntu
el pecho
ukuboko
el brazo

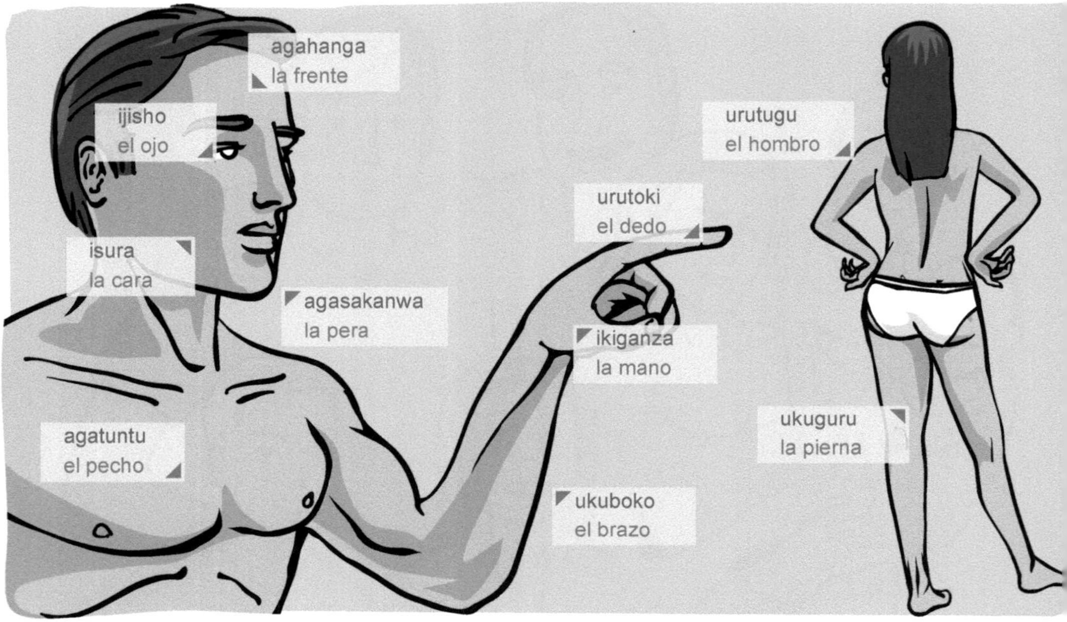

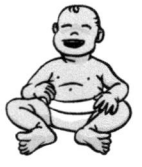

ikobondo

el bebé

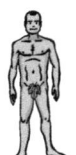

umugabo

el hombre

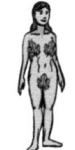

umugore

la mujer

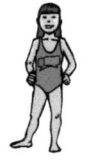

umwigeme

la nena

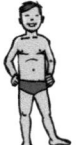

umuhungu

el nene

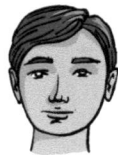

umutwe

la cabeza

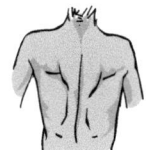

umugongo

la espalda

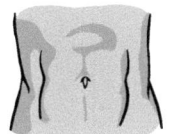

inda

la panza

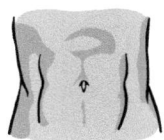

umukondo

el ombligo

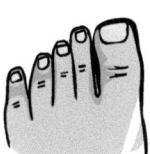

ino

el dedo del pie

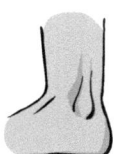

agatsintsiri

el talón

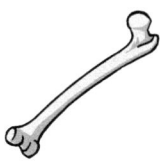

igufa

el hueso

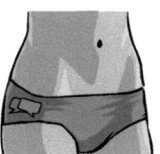

ku mafyigo

la cadera

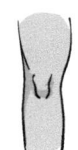

ivi

la rodilla

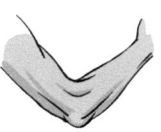

inkokora

el codo

izuru

la nariz

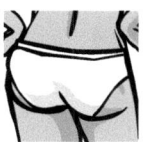

igisusu

la cola

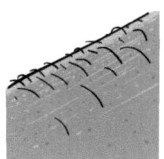

urukoba

la piel

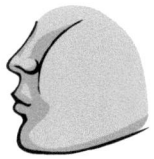

itama

el cachete

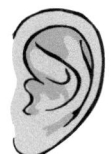

ugutwi

la oreja

umunwa

el labio

umunwa

la boca

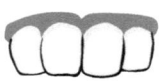

iryinyo

el diente

ururimi

la lengua

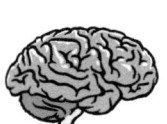

ubwonko

el cerebro

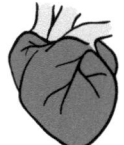

umutima

el corazón

umutsi

el músculo

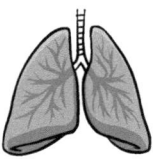

ihaha

el pulmón

igitigu

el hígado

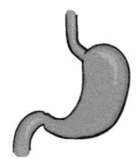

umushishito

el estómago

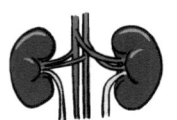

amafyigo

los riñones

kurangura amabanga
y'abubatse

el sexo

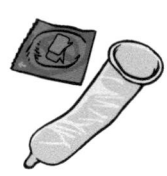

agapfuko

el preservativo

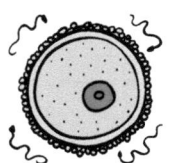

imbuto y' umugore

el óvulo

imbuto y'umugabo

el semen

imbanyi

el embarazo

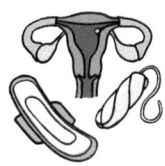

kuja mu kwezi

la menstruación

igituba

la vagina

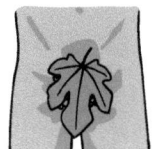

imboro

el pene

ingohe

la ceja

umushatsi

el pelo

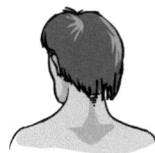

izosi

el cuello

ibitaro
el hospital

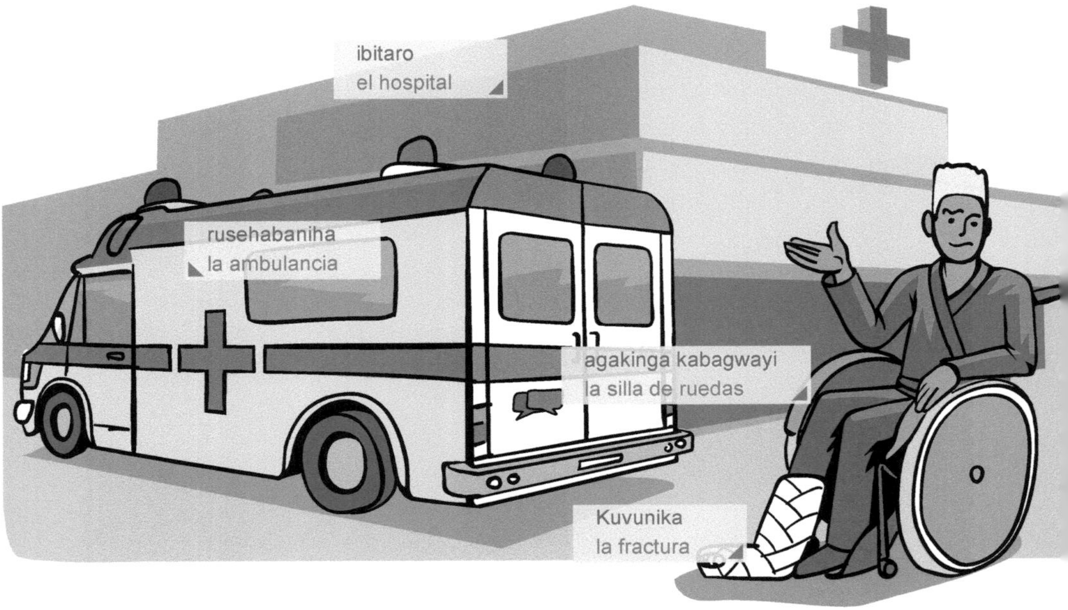

ibitaro
el hospital
rusehabaniha
la ambulancia
agakinga kabagwayi
la silla de ruedas
Kuvunika
la fractura

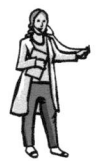

umuganga
el médico

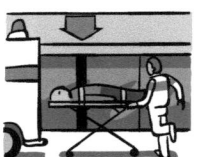

mundembe
la sala de guardia

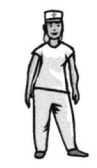

umuforomokazi
la enfermera

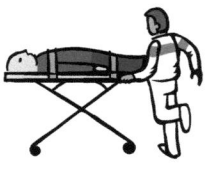

irijanse
la emergencia

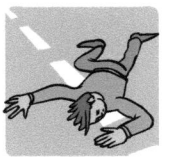

guta ubwenge
inconsciente

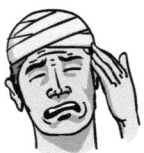

ububabare
el dolor

igikomere

la lesión

kuva amaraso

la hemorragia

uguhagarara k' umutima

el infarto

kuvira indani

el ACV

guhurirwa

la alergia

inkorora

la tos

ubushuhe bw'umubiri

la fiebre

giripe

la gripe

gucibwamwo

la diarrea

kumeneka umutwe

el dolor de cabeza

Kanseri

el cáncer

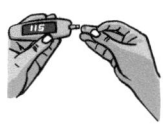

Diyabeti

la diabetes

muganga ajejwe kubaga

el cirujano

akuma ka muganga ubaga

el bisturí

kubagwa

la operación

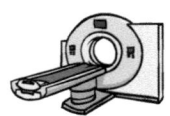

sikaneri

la TC

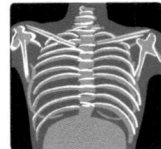

radiyografi

los rayos x

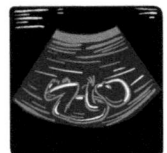

ekografi

la ecografía

masike

el barbijo

indwara

la enfermedad

aho kurindirira

la sala de espera

icishimikizo

la muleta

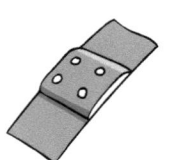

gufuka igikomere

la curita

gufuka igikomere

la venda

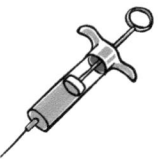

gutera urushinge

la inyección

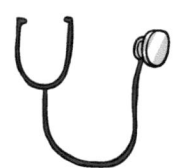

icuma cumviriza amahaha
n'umutima

el estetoscopio

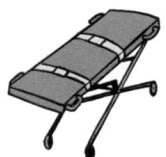

ingovyi

la camilla

igipima umuriro w' umubiri

el termómetro

kuvuka

el nacimiento

umuvyibuho urengeje

el sobrepeso

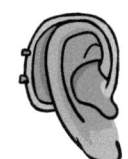

igifasha umuntu kumva
neza
....
el audífono

imiti y' ibikomere
....
el desinfectante

kwandura
....
la infección

umugera
....
el virus

umugera wa sida
....
el VIH / SIDA

ubuvuzi
....
el remedio

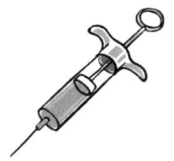

guhabwa urucanco
....
la vacunación

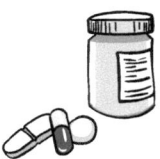

ibinini
....
los comprimidos

ikinini mbonezamvyaro
....
la pastilla anticonceptiva

telefone itabaza
....
la llamada de emergencia

igipima umuvuduko w'
amaraso
....
el tensiómetro

arwaye / akomeye
....
enfermo / sano

muntabare!

¡Ayuda!

ikengere

la alarma

igitero

la agresión

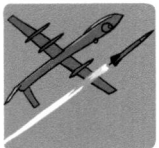

igitero

el ataque

ibihe bikomeye

el peligro

icanzo

la salida de emergencia

umuriro!

¡Fuego!

ikizimyamwoto

el matafuego

isanganya

el accidente

isanduku y' ubutabazi

el botiquín de primeros
auxilios

ubutabazi

el SOS

igipolisi

la policía

Buraya

Europa

Uburaruko bw' amerika

América del Norte

Ubumanuko bw' amerika

América del Sur

Afurika

África

Aziya

Asia

Ositarariya

Australia

ibahari y' Antalantika

el Atlántico

ibahari ya Pasifika

el Pacífico

ibahari y' Ubuhinde

el Océano Índico

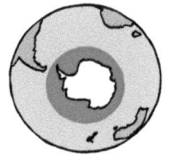

ibahari y' Antaragitika

el Océano Antártico

ibahari y' Aragitika

el Océano Ártico

Uburaruko bw' umubumbe
w' isi

el polo norte

Ubumanuko bw' umubumbe
w' isi
....
el polo sur

antaragitika
....
la Antártida

isi
....
la Tierra

isi
....
la tierra

ibahari
....
el mar

izinga
....
la isla

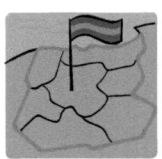

igihugu
....
la nación

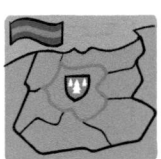

reta
....
el estado

aho barabira isaha

la esfera

urushinge rw' amasaha

la manecilla de las horas

urushinge rw' iminota

el minutero

urushinge rw' amasegonda

el segundero

ni gihe ki?

¿Qué hora es?

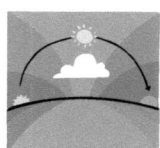

umunsi

el día

igihe

la hora

ubu nyene

ahora

isaha ya electronique

el reloj digital

umunota

el minuto

isaha

la hora

la semana

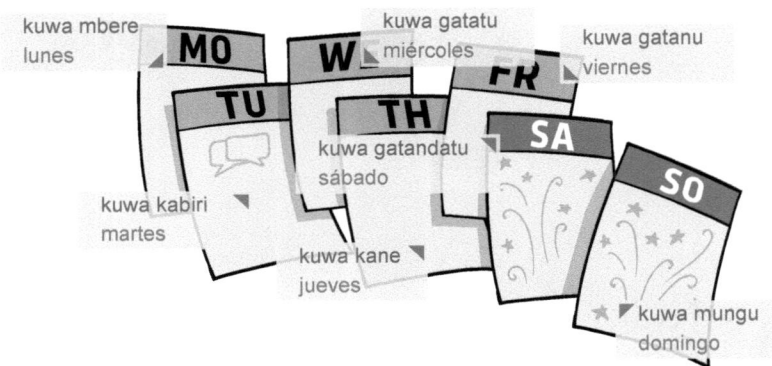

kuwa mbere
lunes

kuwa gatatu
miércoles

kuwa gatanu
viernes

kuwa gatandatu
sábado

kuwa kabiri
martes

kuwa kane
jueves

kuwa mungu
domingo

ejo haheze

ayer

ubunyene

hoy

ejo hazoza

mañana

mu gatondo

la mañana

sasita

el mediodía

ku mugoroba

la tarde

iminsi y' ibikorwa

los días hábiles

weekende

el fin de semana

umunywamazi
el arco iris

imvura
la lluvia

urubura
la nieve

umuyaga
el viento

igihe c' umwaka bita printemps
la primavera

igihe c' umwaka bita Automne
el otoño

ici
el verano

igihe c' umwaka bita hiver
el invierno

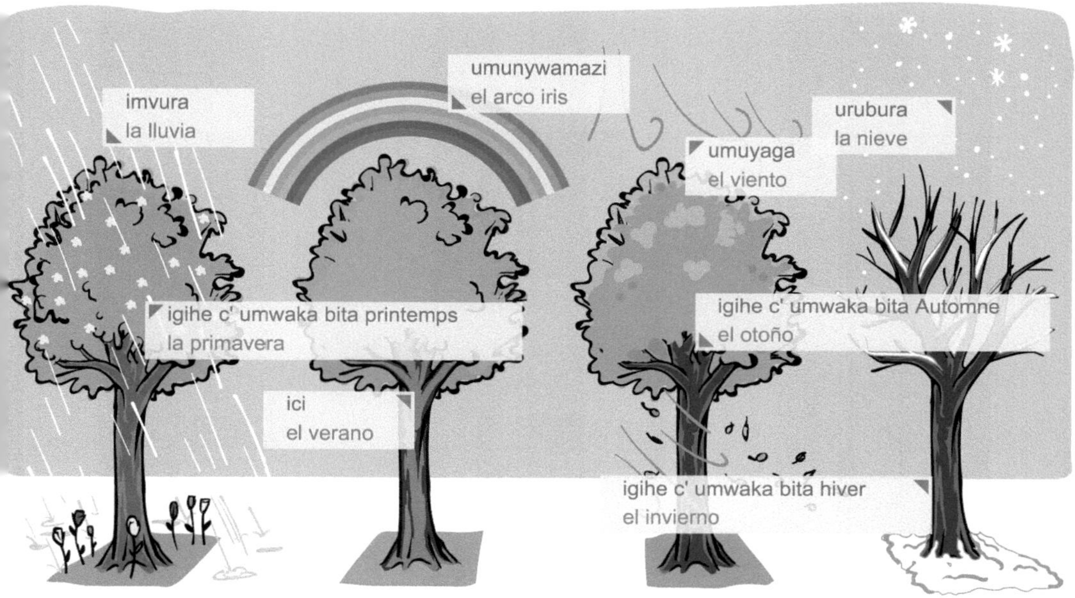

ikirangabihe

el pronóstico meteorológico

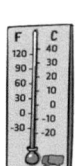

igipima ubushuhe bw'
umubiri

el termómetro

ubuseruko bw' izuba

la luz del sol

igicu

la nube

igipfungu

la niebla

ifira

la humedad

umuravyo

el rayo

inkuba

el trueno

igihuhusi

la tormenta

urubura

el granizo

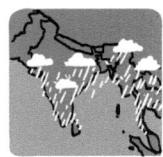

igihuhusi bita mousson

el monzón

umwuzure

la inundación

ibarafu

el hielo

nzero

enero

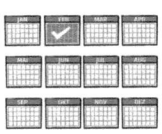

ruhuhuma

febrero

ntwarante

marzo

ndamukiza

abril

rusama

mayo

ruhenshi

junio

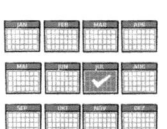

mukakaro

julio

myandagaro

agosto

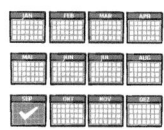

nyakanga
....
septiembre

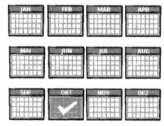

gitugutu
....
octubre

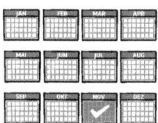

munyonyo
....
noviembre

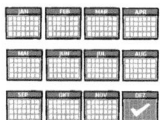

migarama
....
diciembre

forume geometrike

las formas

umuzingi
....
el círculo

ikwadarato
....
el cuadrado

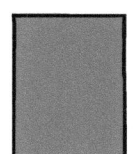

urikiramende
....
el rectángulo

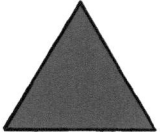

inyabutatu
....
el triángulo

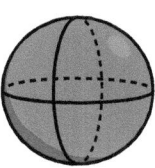

umubumbe
....
la esfera

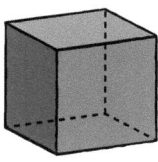

agasandugu
....
el cubo

ibara ryera

blanco

ibara ry' umuhondo

amarillo

ibara risa n' umucungwe

naranja

ibara rya rose

rosa

ibara ritukura

rojo

ibara rya mauve

violeta

ibara ry' ubururu

azul

ibara ry'icatsi kibisi

verde

ibara ry' igihogo

marrón

ibara rya gris

gris

ibara ryirabura

negro

vyinshi / bikeyi

mucho / poco

washavuye / utekereje

enojado / tranquilo

mwiza / mubi

lindo / feo

intanguriro / iherezo

el principio / el fin

kinini / gitoyi

grande / chico

gikeye / cijimye

claro / oscuro

musaza w' umuntu / mushiki
w' umuntu

el hermano / la hermana

gisukuye / gicafuye

limpio / sucio

gikwiye / gicagatiye

completo / incompleto

umunsi / ijoro

el día / la noche

wapfuye / ariho

muerto / vivo

cagutse / caga

ancho / angosto

kiryoshe / kibishe

comestible / no comestible

umutima mubi / umutima mwiza

malo / amable

anezerewe / arambiwe

entusiasmado / aburrido

kivyibushe / conze

gordo / flaco

cambere / canyuma

primero / último

umugenzi / umwansi

el amigo / el enemigo

cuzuye / kiri gusa

lleno / vacío

kigumye / coroshe

duro / blando

kiremereye / gihwahutse

pesado / liviano

inzara / inyota

el hambre / la sed

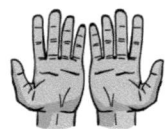

arwaye / akomeye

enfermo / sano

cemewe n'amategeko / kitemewe n'amategeko

ilegal / legal

incabwenge / ikijuju

inteligente / estúpido

ibubamfu / iburyo

izquierda / derecha

hafi / kure

cerca / lejos

gishasha / gishaje

nuevo / usado

ntaco / kiriho

nada / algo

umutama / urwaruka

viejo / joven

kwatsa / kuzimya

encendido / apagado

kugurura / kugara

abierto / cerrado

gitekereje / gifise urwamo

silencioso / ruidoso

umutunzi / umukene

rico / pobre

nivyo / sivyo

correcto / incorrecto

kigoramye / kigororotse

áspero / suave

ashavuye / anezerewe

triste / contento

kigufi / kirekire

corto / largo

kigenda bukebuke / kinyaruka

lento / rápido

gitose / cumye

mojado / seco

gishushe buhoro / gikanye buhoro

caliente / frío

intambara / amahoro

guerra / paz

0

ubusa

cero

1

rimwe

uno

2

kabiri

dos

3

gatatu

tres

4

kane

cuatro

5

gatanu

cinco

6

gatandatu

seis

7

indwi

siete

8

umunani

ocho

9

icenda

nueve

10

cumi

diez

11

cumi na rimwe

once

12

cumi na kabiri
doce

13

cumi na gatatu
trece

14

cumi na kane
catorce

15

cumi na gatanu
quince

16

cumi na gatandatu
dieciséis

17

cumi n' indwi
diecisiete

18

cumi n' umunani
dieciocho

19

cumi n' icenda
diecinueve

20

mirongo ibiri
veinte

100

ijana
cien

1.000

igihumbi
mil

1.000.000

umuriyoni
el millón

Icongereza

el inglés

Icongereza co muri Amerika

el inglés americano

Mandare kivugwa mu bushinwa

el chino mandarín

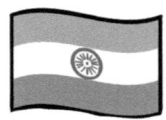

Igihinde

el hindi

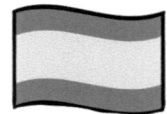

Ikispaniya

el español

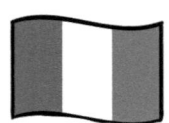

Igifaransa

el francés

Icarabu

el árabe

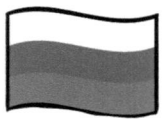

Ikirusiya

el ruso

Igiporitigare

el portugués

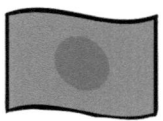

Ikibengare

el bengalí

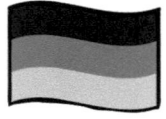

Ikidage

el alemán

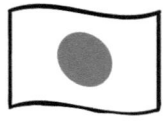

Ikiyapani

el japonés

jewe

yo

wewe

vos

we / we / co

él / ella

twebwe

nosotros

mwebwe

ustedes

bo

ellos

inde?

¿quién?

iki?

¿qué?

gute?

¿cómo?

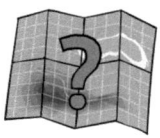

hehe?

¿dónde?

ryari?

¿cuándo?

izina

el nombre

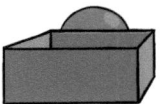

inyuma ya

detrás

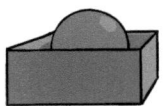

indani ya

en

imbere ya

adelante de

hejuru ya

por encima de

ku

sobre

munsi ya

debajo de

mu mbavu ya

al lado de

hagati ya

entre

ikibanza

el lugar